그들의 가교

그들의 가교

김삼주 시집

우리글

독자에게

지금 이 순간에도
세상 곳곳에
길이 만들어지고 있습니다.
논밭보다도
마을보다도
길이 더 많은 세상이 되어 가고 있습니다.

그 길
여기
또 거기
우리가 살고,
그 길을 따라 가면
그대를 만날 수는 있겠지만
나, 진정 그대의 마음에까지 닿지는 못합니다.

마음이
마음에게 가는 길,
마음에
마음을 잇는 다리,
그대와 나 사이에
그런 가교 하나 놓고 싶습니다.

차례

독자에게 … 5

1. 겨울 강 … 11
2. 내 꿈을 훔쳐보았을까 … 13
3. 춘향의 그네인 양 … 15
4. 물결이 휘돌아가는 … 17
5. 골목을 적셨다가 말렸다가 … 19
6. 이발의자 둘에 세면대 하나 … 21
7. 전봇줄의 시대는 끝났다 … 23
8. 잔치국수를 먹는다 … 25
9. 굳이 깨소금을 … 27
10. 첫눈이 온다기에 … 29
11. 바퀴가 구르는 데는 다 가지유우 … 31
12. 우리들의 꿈은 … 33
13. 덕천시장 일호 선술집 … 35
14. 차가운 빗방울이 쏟아지고 있다 … 37
15. 원목 마루 아파트 … 38
16. 뒤따라오던 그림자도 골목길로 사라지고…… … 41
17. 기름값은 자꾸 오르고 … 42
18. 달아오른 골목길 … 45
19. 다가오지 마라 … 46
20. 입추의 들녘에 … 49

21. 남이南怡여 … 50
22. 경칩 머리에 … 53
23. 못을 친다 … 54
24. 건너는 법을 모르는 생명 하나 … 57
25. 긴 장마 … 58
26. 어미가 아홉인 사내 … 60
27. 가지에서 가지에게로 … 61
28. 눈물로 지은 사람아 … 62
29. 우리들의 잠자리는 … 64
30. 낡은 것은 죄악이다 … 66
31. 다리는 … 68
32. 맵지 않으면 못 살아 … 70
33. 바람이 온다 … 72
34. 오늘 아침도 오리 가족은 … 74
35. 누구도 모르리 … 77
36. 잠자리 난다 … 78
37. 새가 날아온다 … 81
38. 화단을 뒤집으며 … 82
39. 어둠을 헤집고 찾아온 길 … 85
40. 벼룩시장은 … 86
41. 지금 너 … 88
42. 현미 빛 치아를 … 90
43. 언제부터였을까 … 92
44. 포르르 … 93

45. 구워 봐야 온 집안 비린내로 젖고 … 94

46. 상추쌈 한 입이 … 96

47. 제발 화초라 부르지 마라 … 98

48. 눈물이 아니었어 … 100

49. 개미 떼가 으깨진 새우깡 쪽으로 … 102

50. 담장 끝에 흔들리는 옥빛 덩굴손 … 104

51. 이래도 네가 … 105

52. 여치처럼, 더듬이 … 107

53. 산을 오른다 … 108

54. 산그늘 내려와 … 111

55. 목이 마를 때면 그를 … 112

56. 연지蓮池마을은 … 114

57. 유리창을 닦는다 … 116

58. 종이는 그대로 종이이기를 바라는 거 … 118

59. 비 … 120

60. 한식경이나 내리꽂던 … 122

61. 흐르는 것은 그저 … 124

62. 오래된 그림 속에서 … 126

63. 그 길은 … 128

64. 빈 체어리프트가 돌고 있는 … 130

65. 산사주 … 132

66. 죽음아 … 134

67. 으스름달 아래 비가 내린다 … 135

68. 사랑이여 … 136

그들의 가교

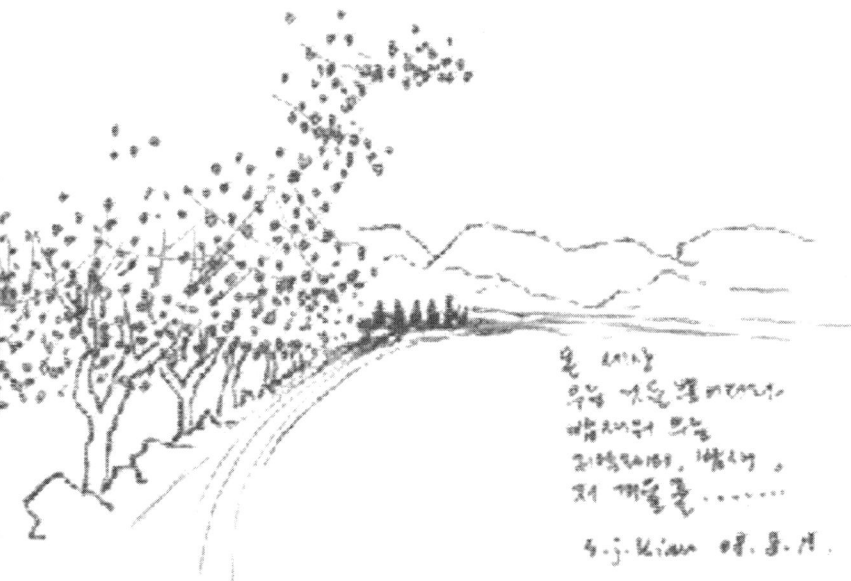

1

겨울 강
갈대 숲 하얀 언덕
이편에서
저편에서
다리를 놓고 있다

찌르레기는 찌르레기에게로
멧새는 멧새에게로
가가기기, 가가기기,
청둥오리 가족들 미끄럼 타는 얼음 위에
은빛 울음 징검돌을 놓고 있다

바람이 은빛 징검돌을 흔들며 건너가고
햇빛이 은빛 징검돌을 되놓으며 건너오고

이편에서
저편에서
은빛 울음 징검돌 은하수처럼 펼쳐 놓는
겨울 강

햇빛이
바람이
은빛 울음 징검다리 위에서
코끝 찡하게 바쁜
겨울 강

2

내 꿈을 훔쳐보았을까
밤은,
은밀히 샛강에 다리를 놓아 놨다

살얼음 다리
아니, 샛강의 긴장한 살결

그 수정 빛 살결 위를
싸락눈,
종종종 건너가고
가서는,
버들개지 눈뜨는 양지에 옹송옹송 뒹굴고……,

싸락눈들이 간 길을 따라
내 왼발이 수정 빛 살,
그 긴장을 잰다
아직!
이편에서 저편 끝까지
시퍼런 거부의 날을 돋우는
샛강의 얼음 살

바람에 몸을 맡기고 서 있어도
싸락눈이 못 되는 나는
바람 따라 또
건너오는 싸락눈들을
종종종 바라만 볼 뿐……,

밤은 진정
밤새도록 꾸고 꾼 내 꿈을 훔쳐보기는 했을까
이 무거운 몸뚱이 앞에,
왜 샛강의 살을
수정 빛 긴장으로만 돋우어 놓았을까

3

춘향의 그네인 양
아카시아 고 매운 내음이
치맛자락 날리며 건너오던 개울에

개울둑 가득 눈이 쌓이고
개울물 가득 언 하늘이 쌓이고

해는 서산에 몸을 묻는데,
생연탄을 붙이는
창백한 연기
휘청휘청 허공에
징검다리를 놓아 온다

놓는 쪽쪽 찬바람이 쓸어 가도
해질녘 개울 허공에
메아리처럼 놓아 오는
하얀 징검다리

징검다리 건너오는
그 집 아랫목 내음

그 집 아랫목에 고인 아릿한
그 사람 내음

해는 서산에 몸을 묻는데,
온 세상이 노래지도록
생연탄 불붙는 내음
그 집에서 이 개울둑으로 다리를 놓고……,

춘향의 그네 인 양
아카시아 고 매운 내음이
치맛자락 날리며 건너오던 개울에

4

물결이 휘돌아가는
여울목
비단잉어들
황금빛 허리를 내밀어
징검다리를 놓는다

여울도 발랄해지는 황금빛 징검다리!

누구를 건너라는 다리일까
아이들 눈빛이 건너다가
참방참방 물속으로 미끄러지고……,
소금쟁이가 맴돌아 건너다가
화들짝 놀라고……,

두근거리는 황금빛 징검다리!

아, 저기
그 황금빛 이글거리는 징검돌들을
고요히 건너오는
백로 그림자

목욕물에 바동대는 첫돌배기 재롱을
감싸 다독이는
옥양목 치맛자락

5

골목을 적셨다가 말렸다가
누덕누덕 장맛비

머리에 쓴
'임금님표' 쌀 푸대가 젖어 늘어지고
그 아래
검붉은 어깨에서 김이 솟는 늙은이
고물리어카에 묻혀 온다
아니,
작은 섬나라 하나 온다

장맛비가 또 한바탕 고물 섬을 박아 대고……,
신문 뭉치 하나
길바닥에 무너져 누더기가 된다
집게처럼 굳은 임금님 손이 그걸 알아챘는지
고물 섬이
기우뚱, 서고
고물 섬 속에서
임금님이 기어나온다
…… 젖어도 오천 원, 말라도 오천 원잉께,

누덕누덕 묶어 올린
토막 비닐 끈들이 더 위태로운,
만질수록 더 흘러내리는,
결속에 길들여지지 않는 껍질들의 섬에
신문 뭉치를 다시 끼워 넣고, 그 바람에
흘러내린 다나한 화장품
껍질을 마저 쑤셔 넣고……,
비닐 끈 나부랭이를 당겨 매는
새까만 손톱

다시 섬 속으로 들어가는
오천 원 임금님,
'임금님표'에서
어깨로 등으로 또
반바지로 흘러
다시 종아리에 기어 내리는
꺼먼 낙수……,

젖은 골목에 이름이 해진 작은 껍데기들
뼛속까지 적시는 장맛비

6

이발의자 둘에 세면대 하나
이십여 년 한자리
관장님 혼자서
장터 바람에 시든 머리들을 다스리는
신라이발관

흙먼지 바람에, 거친 손길에, 땀 절은 모자에,
헝클어지고, 찌들고, 또 모지라진,
머리털을 고여 놓고
탁목조 관장님
깎는다, 자른다, 다듬는다,
흙먼지 바람을, 거친 손길을, 모자 자국을,
하얀 거품으로 씻는다
머리카락에 흘러내리는 생짜 수돗물
그래도 혹
바람과 손길과 자국이 남아 있을까
삶아 말린 흰 타월로 닦는다, 문지른다,
그래도 믿을 수 없지,
생바람 쏟아 내는 드라이어로
올올이 날리고 말리고

드디어 얼레빗 어루더듬어 빗으며
이마 환하게 세워 올린다
머잖아 또 무성히
헝클어지고, 찌들고, 모지라질,
머리털을

입술을 쫑긋 내밀고
딱따구리가 나무둥치를 안아 돌듯 휘돌아 보고
…… 쌈빡 깎아야 새 정신이 나제,
탁목조 관장님
그제야 입술이 웃음으로 펴진다

7

전봇줄의 시대는 끝났다
얽히고설킨 전선들
휘감고 선 저 어질 머리 전봇대는
이미 오래전 하나의 상징일 뿐
지상으로
우주로
그물처럼 엉킨
보이지 않는 교신

돈이,
비밀이,
음모가,
살육이,
이 새천년의 다리들을 건너가고 오는데,

커서처럼 깜박이기만 하는
너와 나의 교신
내 가슴으로
또 네 가슴으로
배고픔이 건너다 사라지고

눈물이 건너다 사라지는
너와 나의 다리

어둠에 묻혀 있어도
비바람에 갇혀 있어도
네게로
또 내게로
온 더듬이나 세워 살 수밖에 없는
비린 피의 몸,
꿈속밖에 길이 없는
수인들의
이승 이 다리

8

잔치국수를 먹는다
포장마차에서,
잔치가 없는 잔치국수
멀건 국물에 불은 면
단무지 한 쪽으로 입가심을 하고
한 마장 걷다 보면 시장기가 되살아나는
배반의 이름을 삼킨다

아니, 저렇게 먹을 수도 있을까
한 수저 한 수저
꽃빵을 빚듯
고요히 수저에 올려 드는 한 여인의 공양
쉰 김치 맛만 풀린 멀건 국물도
이따금 떠 올리는 그녀의 수저에선
잔칫상 육수인 양 감돌다니,

그녀의 콧등에 이슬 같은 땀이 솟는데
수저에 말아 올린 꽃빵의 끝은
어디로 향하는 것일까
땀 맺힌 얼굴들 너머

밀밭으로 가는 것일까
밀 뿌리 곁에 촉촉한
그녀의 눈빛 같은 흙에게로 가는 것일까

잔치가 없는 잔치국수
그래서 더 크게 소리 질러 주문하는
텅 빈 이름
아니다, 그녀 앞에서는,
밥상에서 땀 맺힌 얼굴들로
또 흙에게로 이어지는
생명의 이름이다

9

굳이 깨소금을
만들어 먹는 여인이 있다
볶은 깨, 깨소금, 고춧가루, 후춧가루,
다 사서 먹는 세상에,
그녀가 지나가면 깨소금 냄새
치마폭에 숨었다 수줍은 듯 살랑
머리카락을 내민다

깨 맛을 보기가 어디 그리 쉬운 일인가
씻자면 물보다 먼저 바가지를 넘어가고
볶자면 금방 눋거나 타고
빻자면 조금만 세게 쳐도 절구를 튀쳐나가고
들깨, 참깨, 흰깨, 검은깨,
깨알이란 깨알은 고만고만이라서
씻고, 말리고, 볶고, 빻는 거,
성깔 죽이지 않고 되는 게 하나나 있던가

그래도 깨를 볶는 여인이 있다
종종 새어 오르는 깨 볶는 내음
참깨가 기니 짧으니 끝없는 티격태격에

창가에 기대서 담배를 피우다가
햐, 고 따뜻한 깨소금 내음
그녀 집에는 늘 깨소금 냄새만 피어도
그녀 아이들 주근깨 하나 없더라,
실없는 소리에 핀잔만 맞고
오늘도 베란다 창을 열고 담배를 피운다

깨 볶지 않아도
깨소금 내음 올 것만 같은
창가에 기대 담배 연기가 된다
기니 짧으니,
혼자서
참깨들 키를 재어 보면서

10

첫눈이 온다기에
기다렸지

바람 새어드는 창가에서
나비 같은 날갯짓
기다렸지

포올폴 다가오는 한 사람
기다렸지

첫눈이 온다기에
기다렸지

내 가슴에 녹아드는 눈송이
기다렸지

비만 내리고
낯선 차들만 지나가고
눈꽃 같은 네 눈짓 허공에 명멸하는 밤

첫눈이 온다기에
기다렸지

꿈속엔 내리리라
기다렸지

11

바퀴가 구르는 데는 다 가지유우,

반백이 훨씬 넘은 머리카락
햇볕에 그을렸어도
훤한 이마
개인택시 기사 김씨

안 가 본 데가 있남유
물 조은 데, 맛 조은 데, 구경거리 조은 데……,
장례식장, 결혼식장, 유치장, 화장장……,
무궁화 다섯짜리 호텔은 오늘도 갔다 왔구먼유우,

모범택시는 부담스러워
개인택시 외길 삼십 년
단골손님이 기백인데

조은 데 가도 손님 내려 주면 구경 끝이유
조은 것은 멀리서 봐야 진경이지유,

남의 다리만 놓아 주는

그 가공할 마음
비우기가 선사의 경지에 이른 것일까
눈썹에도 희끗 백발이 비친다
먼지 하나 보이지 않는 차 지붕에
왜 솔질은 하냐면
또 한 말씀

이게 내 찬감유 손님들 차지유우,

12

우리들의 꿈은
청운교 또 백운교

푸른 이마가 하얗게 바래는 그날까지
내가 너를 찾아가고
네가 또 나를 찾아오는
구름이 피는 다리

다리 위에서 우리는
살이 녹고,
뼈가 녹고,
그 속에 갇힌 마음마저 녹아
한 천년을 끓다가,
또 한 천년을 굳다가,

천년 묵언의 돌이 되고
또 천년 화엄의 다리가 되고

너와 나의 꿈은
청운교 그 위 백운교

시퍼런 이승이 하얗게 식는 그날까지
품어서 녹아 끓고
끓어서 하나로 굳는
영원의 다리

13

덕천시장 일호 선술집
녹슬고 삐걱거리는
등 없는 의자가 일곱이든가 여섯이든가
누렇게 또 꺼멓게
가슴팍이 탄 탁자가 둘이든가 셋이든가

슬그머니 한 자리 삐걱거리고 앉으면
영주댁 손끝에는
세상의 술 없는 거 없어
산해진미 안주 없는 거 없어

닭똥집에 서울막걸리 한 잔
채 비우기도 전에
온종일 막혔던 영주댁 말문도 터져
로또가 오고 파탄이 오고……,
올림픽이 오고 중국이 오고……,
쇠고기가 오고 미국이 오고……,

나는 술 몬해,
술은 장모라도 여자가 따라야 마싰다데

오빠 라이터가 불발이면
삼삼노래방 라이터가 담뱃불을 붙이고
자욱이 담배 연기가 낮은 천장을 메우고
드라마 연속극은
이 방송 저 방송 돌아가며 징징거리고

너무 애살시리 그랄 거 있나,
그저 밑진 듯 살 만치 살다 가는 기라,
영주댁 주름진 입가에 금니가 반짝 빛나고
막걸리 빈 병이 시원한 새 병으로 바뀌고……,
후끈거리던 함석지붕엔
가을비가 또닥거리고

14

차가운 빗방울이 쏟아지고 있다

무성했던 여름 사랑
그건 불이었노라고
그건 피였노라고
노랗게 또 붉게 고백하는 나무들

홀, 홀, 그 고백마저 지우고 있다

사랑은
맨몸으로 돌아가는 순례의 길이라고
맨몸으로 겨울을 건너는 고행이라고
홀, 홀, 나무들

입동의 빗방울에 온몸을 맡기고 있다

15

원목 마루 아파트!
조오치,
아니, 마루 밑이 없어도 마루?

마루 밑이란 게 원래
씨암탉이 알 몇 개 품고
온 종일 눈알을 부라리며 앉아 지키던 덴데
그러면 또 누렁이가 제 구역에 든 씨암탉을
상판대기를 잔뜩 찌푸리고
이빨을 세워 쫓아내려 했지
하지만 그게 맘대로 되던가
씨암탉 불 켜 든 눈빛에,

딴은 마루 밑이란 게
생장작을 쌓아 말리기도 했던 덴데
숨바꼭질할 때에도
상이군인들이 갈고리 손을 앞세워 동냥을 올 때도
그 장작더미 뒤에 기어들어가 숨고
동지 녘엔 햇살도 들어와 함께 되작이던 덴데

방 위의 방
다락이,
방 아래 방
마루 밑이,
누렁이같이
씨암탉같이
유년을 품어 주던 집인데

원목 마루 아파트라고?
마루 밑이 없어도 마루라고?
끽해야, 방바닥에 무늬 판자
혀 꼬부라지는 이름의 강아지들 오줌이나 배어들고
바퀴벌레 새끼들 몸을 감추는 그거?

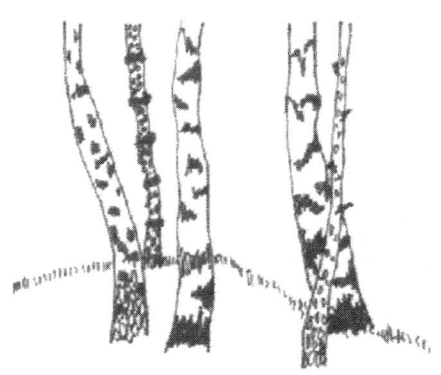

16

뒤따라오던 그림자도 골목길로 사라지고……,

나란히 가던 푸른 바람도 허공에 흩어지고……,

뒤축이 기운 구두 홀로 둑길을 가는 자정

구두 소리가 허공에 징검다리를 놓는다

어두운 하늘 깊이 추적추적……,

홀로 뜬 별에게로 어룽어룽……,

17

기름값은 자꾸 오르고
덩달아 물값 쌀값 가릴 것 없이 오르는데
잘살게 하겠다,
큰소리친 양반은 일마다 죽만 쑤고
폭염마저 밤낮없이 끈적거리고

쪼개 쓰기의 명수들
더 이상 쪼갤 것조차 없어 가슴 치고 있던
보통 사람들
드디어 숨통이 터인다
위대한 손이 빚어 낸 올림픽
유도, 양궁, 수영……,
밤새워 달아오르는 텔레비전 앞에서

실수하는 다른 나라 선수에게는 깨소금 박수를
울먹이는 우리 금메달에게는 울먹이는 박수를
길 가던 자 길을 멈추고
일하던 자 일손을 멈추고
박수를, 또 박수를,
함성을, 또 함성을,

분풀이의 악쓰기를, 악쓰기를, 악쓰기를,
위대한 손께서 이끄시는 대로
그래, 악을 써라
위대한 손께서 계시하시지 않느냐

저 올림픽의 영웅들은 이 순간부터
내 손에 이끌려 돈으로 변해 갈 것이고
너희는 내 이 위대한 손이 빚어내는
돈의 사슬에 끼어들어 지갑을 열 것이다
먹는 것에서부터 입고 자고 놀고 싸는 것까지
새롭게 무장한 내 이 손에게 질질 끌려 다니며
지갑을 다 비우고 말 것이다

경배하라
영웅을 돈으로 바꾸어 가는
오, 위대한
자본주의의 손을,

18

달아오른 골목길
울타리 너머로 키를 뽑아 올린
해바라기

그 목에 매미 한 마리 끓고 있다
빨래 삶는 솥 뚜껑처럼
꽁무니가 들썩거리고 있다

그 아래 수캐 한 마리 헐떡거리고 있다
건져 넌 빨래처럼
늘어진 혀가 침을 흘리고 있다

19

다가오지 마라,
가시를 세우지만
가시엉겅퀴,
너에게 가는 법을 나는 안다

유서 깊은 어느 제국
왕비의 표정으로
불가근, 불가원,
품을 열지 않지만
네 품에 잠드는 법을 나는 안다

네가 싹튼 흙에서부터
네가 꽃피운 하늘까지
네 길을 따라
네 핏줄을 따라
서서히 또 부드럽게
네 생을 더듬어 올라가야 한다는 것
어느 순간에도 너를
내리누르거나 꺾어 쥐지 말아야 한다는 것
아니면 결국,

피를 흘리고 물러서야 한다는 것

세상 사람들 다 되돌려 보낸
가시의 고독한 성,
그것이
너를 지키고 또
너에게 간 나를 바로 세우고……,
너의 가시가 곧 평화라는 것

거기쯤 서라,
꽃빛도 꼿꼿이 바라보지만
그 자줏빛 황홀 속에
내가 녹아 네가 되는 법을 나는 안다

2008. 11. 12.
b. j. Kim

20

입추의 들녘에

푸름이 푸름을 키우고 있다
흙이 흙을 키우고 있다

네 꿈이 네 꿈을 키우듯
또 그렇게
네 사랑이 네 사랑을 키우듯

흙이 흙을 일으켜 세우고 있다
푸름이 푸름을 일으켜 세우고 있다

푸르러서……,
푸르러서……,
어지러운……,

입추의 들녘에

21

남이南怡여
그대에게 묻노니
그래,
칼을 갈아 나라가 평정되던가

평온하게 진정되던가
공평하고 올발라지던가
하여, 평안하고 고요하던가
그 큰 산의 돌들 다 닳아 없어지도록
칼을 간다고
그게 되던가

풀덤불 우거진 야산 자락*
푸른 혼으로 누운 그대
남이여
진정 다시 묻노니
이 초목들이
그대의 칼이 썩어 푸르른 것인가

세치 혀끝에 산산조각이 난

그대의 칼
진정 그대의 칼이
이토록 기름진 흙이 되었는가

그 흙 흘러, 흘러,
저 들판 저리도
푸르게 어우러지게 한 것인가

* 남이 장군의 무덤. 경기도 화성군 비봉면 남전2리 소재.

22

경칩 머리에
함박눈이
세상을 하얗게 덮고 있다

마을에서 산에게로
겹겹이 놓아 가는
하얀 침묵의 소망

산정에서 마을에게로
아득히 속삭여 오는
겨울 혼의 약속

그 현기증 위에
몸 벗어난 그리움들이
어지럽게 건너고 있다

23

못을 친다
세 든 방
제 안에 목숨들 거두어 온 지
반백 년은 된 듯
주름살 고운 한옥
벽 가운데를 버티고 선 소나무 기둥에
못을 친다

도두라진 나이테 사이 은은히 잦아든
상아빛 살 깊이
뿌리를, 영원히 지울 수 없는
흔적을, 내리는 못

이제 못은
내 모자나 옷을 걸고
힘겨운 나날을 보낼 것이다
내 몸을 따라 구겨지고 뒤틀린
모자 바지저고리
아니, 헐거워진 나를
기둥에 나란히 세울 것이다

하여 못은
기둥과 나를 하나로 잇는 다리가 될 것이다

제 몸에 겨우면 고집스런
제 대가리 자국도 내면서
가끔은 술 냄새에 절은 그것들에
몽니도 부려 떨어뜨리기도 하면서
(떨어진들 대수일까)
기둥은 저에게로 쓰러져 기대는
내 옷들을 그냥 받아줄 것이고
그러다, 그러다,
세월이 흐를 것이고
못은 또 뿌리까지
세월의 물기에 녹이 슬 것인데

그래도 저 반백의 이마 같은 소나무 기둥은
제 안에 슬고 있는
못의 아린 슬픔을 말없이 품고 지낼 것이다
기둥 덕분에 못도
제 녹슨 뿌리 세상에 보이지 않고

고운 듯 늙을 것이다

못이 비스듬
허리를 세운다
상아빛 목질 중심을 향하여,

24

건너는 법을 모르는 생명 하나
다리 그늘 아래 놀고 있다

다리를 감돌아 보드라워진 물에
비늘 목숨 하나 자유가 되고 있다

따가운 햇볕은 깊은 그늘에 숨어 피하고
지친 지느러미는 보드라운 물결에 씻고

은비늘로 간지러이 수초를 쓰다듬다가
방울 입으로 가벼이 시장기를 지우다가

다리 위
뭇 생명들 강 이편저편을 오가는데

건너는 법을 잊은 생명 하나
다리 그늘 아래 목숨을 건너고 있다

25

긴 장마
중복도 지난 언덕
풀이란 풀들 키대로 자란 풀숲을
호박넝쿨들 짱짱히 벋어 있다

어느 구덩이에서 나와서
어느 흙살 위로 벋어 갔는지
도무지 알 수 없는 그들의 어울림
푸른 언덕에 푸른 동맥인 양
줄기는 줄기들에 뒤엉기고
보송한 새순 위에 실핏줄인 양
덩굴손은 덩굴손을 감아쥐고

여기저기 햇살에 반짝이는 호박들
주먹보다 큰 놈 작은 놈
아직도 몇몇은
꽃 딱지도 떼지 못한 청방울
한 줄기 소나기에 푸른 핏기 돋우며
호박잎 사이로 달랑거리고 있다

팔월 한 달
또 구월 지나면 저들도
말라 가는 풀숲에 누워
제 등황빛 한 생을
찬 이슬에 찬찬히 씻어 볼 것이다
한가위 보름달인 양 제법
고요해질 것이다

26

어미가 아홉인 사내
쉰둥이라 젖이 말라 동냥젖으로 자란 사내
중늙은이가 된 지금도
참젖 물려 준 젖어미들 셋이나 남아
고향길이 버거운 사내

아들하고 같이 젖을 물렸던 형수는
이름을 불러 놓고 멋쩍게 웃고
딸 대신 제 아들인 양 젖을 물렸던 갈천댁은
어쿠, 내 새끼,
궁둥이를 두들겨 주고
아흔 노모는 그게 못마땅한지
뭐 하는 짓거리여,
쏘아붙이고

어미들이 버거운 사내
젖어미 환한 얼굴들 버거워져 돌아오는 길
크흥, 크흥,
아내 몰래 혼자 웃는 사내

27

가지에서 가지에게로
샛노란 전율이 흐르고 있다
손끝에서 손끝에게로
연둣빛 전율이 흐르고 있다

물결도 망울져 흐르는 강을 따라
햇살도 망울져 내리는 골목을 따라
개나리는 개나리에게로
사랑은 사랑에게로
부끄럼처럼 젖어 가는
현기증

온몸이 달아오르는 저 연둣빛
전율을 덮어쓰고
샛노란 물결 속에
텀벙,
흔적 없이 사라지고 싶은
무지렁이 목숨

28

눈물로 지은 사람아
반평생을 입안에서 올강거리는
그 해묵은 말
뱉어 버려라
바람의 길에,

못 닿는 곳 없지 않으냐
바람의 길은,
물결에 하늘거리던 꿈들도
풀숲에 나풀거리던 사랑들도
바람의 길을 따라
이 깊은 감옥에까지
오고 있지 않으냐
철창을 넘어
이중유리를 넘어
비늘 하나 깃털 하나 상하지 않고
오고 있지 않으냐

눈물로 지은 사람아
반평생을 옥죄어 온

그 낡은 죄수의 옷
벗어던져라
바람의 다리 건너
바람의 길에 나설 채비를 해라

바람의 길은
못 닿을 데 없는 길
날개의 길
함께 떠날 채비를 해라

29

우리들의 잠자리는
길 너머 거기
길 없는 온 날 온 밤을
네 발자국 딛고
내 발자국이
매미 울음 다리 놓아 가는 거기
새소리 물소리 길을 열어 가는 거기

우리들의 잠자리는
바람이 머무는 거기
저잣거리 돌아
골목길 돌아
들판을 지나
숲을 지나
머물다 잠 깬 바람
첫걸음을 떼는 거기

우리들의 잠자리는
별 걸린 나뭇가지 아래 거기
밤새 몸 불린 이슬

맘 놓고 떡갈잎에 부서지는 거기

너도,
나도,
그렇게 맑게 부서지는 거기

30

낡은 것은 죄악이다
이 찬란한 새것들의 시대
밥솥이며 식탁뿐이랴
신발도 옷도 집도
아니, 너도
낡은 것은 죄악이다

이 흙투성이 골목길
나팔꽃이,
호박넝쿨이,
마구 기어오른 지붕 아래 살다니
구름에 닿을 듯
저 무슨 파크인가 캐슬인가 아파트들을 보아라
너도 그 안에 들어
눈높이에 알맞게만 자라는
이름도 혀 꼬부라진 꽃들을 키우고
눈비음으로 가르랑거리는
고양이를 키워라

창가로 고개 들이미는

호박꽃에게,
나팔꽃에게,
흙의 것들 냄새나는 얘기나 듣고 있다니
시대의 죄악을 즐기고 있다니
가라,
이 골목은 철거반 포클레인에게 주고
저 새 시대의 새 보금자리로,

가서,
개같이 벌어,
고양이같이 살아라

31

다리는
사람을 사람에게
이어주는 것이 아니었던가

산
무릎에 이어 놓은
구름다리
그 위를 개미 떼처럼
오르고 또 오르는 사람들

산의 냄새는 수만 겹이어서
망울진 진달래
코끝으로 만나다가
물 오른 솔잎
입술로 만나다가
품안에 잠들어 꿈길을 바장이는 아이처럼
풀이 되어
나무가 되어
그러다가, 그러다가,
깊은 골 샘물에 이슬방울로 섞이다가……,

지상의 모든 다리는 결국
어머니 냄새 꿈결처럼 흐르는
저 산
무릎을 향하여
이어진 것이었던가

32

맵지 않으면 못 살아,

다진 청양고추 한 점에도
젓가락이 옴츠러들던 건 옛말
눈물 콧물 다 쏟고 비 오듯 땀을 쏟아야
받아들이기를 멈추는
이 독종의 혀,
그걸 벌써 눈치 채 버렸는지
매울수록 더 시원해지는
이 뒤틀린 뱃속,

그런 몸뚱이엔
웬 눈물 콧물이 그리도 고여 대는지
하루에도 서너 번을 훑어내도
어디서 또 와서 그리 짭짤히 고여 대는지
술이라도 마실라치면
첫잔에서 막잔까지
밤이 깊도록 훑어내야 쬐끔 시원해지는
이 짜디짠 눈물 콧물,

그것이 너에게서 온 건지
그냥 우리들 사이 질척거리는 건지

이러다간 청양고추보다 더 매운
왕청양고추가 있어야 할 텐데
저 흙이 그걸 허용하기나 할 건지, 아니
맵고 짠 목숨들 다 받아 안아서
저 흙이 밀어내는 고추
저절로 왕청양고추가 되지나 않을 건지, 아니
그때 가서도 요 모양으로
내 눈물 콧물 훑어지기나 할 건지

33

바람이 온다
먼 별에게서 너에게로
너에게서 또 나에게로
고요히 일렁이는 너의 머릿결인 양
문턱을 넘어오는 너의 치맛자락인 양
빈 방을 휘도는 바람

바람 아래 눕는다
바람의 일렁이는 허리를 더듬는다
바람 속에 스민 별 내음을 마신다
숯이 된 내 몸속으로 스며드는
하늘의 향기
너의 입김

내 숯 몸이 바람이 된다
내가 바람이 된다

빈 방을 돌던 바람
제 허공의 길을 따라 되돌아간다
나에게서 너에게로

너에게서 또 별에게로
나 더불어
너 더불어
귀향길을 간다
바람들이 간다

34

오늘 아침도 오리 가족은
셋,
어미 하나에
새끼 둘

개울 가장자리 물풀들 사이
모래톱을 종종거리다가
풀숲에서 여린 것들 쪼아 보다가
삐이삐거리며 헤엄을 치다가
고개를 빼고 망을 보는 어미의
시선으로 쌓아 준 성 안에서
왕자와 공주의 겁 없는
아침 열기

애비는 어젯밤도 안 들어온 것일까
이슬에 젖어 와 곯아떨어진 것일까
애비 없이
어미 시선 안에서
어미의 애 녹는 망보기 안에서
삐이삐 천하를 만드는

그들의 왕국

빼 든 목이
아파서 더욱 견고한
어미의 성 안에서
종종치고 바장이고 쪼고 파드닥대는
새끼 둘

35

누구도 모르리
개천 가득 차오르는
풀꽃의 내음을

혼자 걷는 깊은 밤길
발걸음 소리만 흐윽, 흐윽,
너의 허공으로 징검다리를 놓아 가고

잠들지 못한 새 한 마리
그 징검돌을 건너가고 있는데
너 또한 그렇게
새가 되어 건너야 비로소 만나는 사랑인데

허공에 놓아 가는 목마른 발걸음 소리
이 어두운 위안마저 서서히
서서히 엷어져 가는 밤길

누구도 모르리
내 가슴 가득 차오르는
너의 내음을

36

잠자리 난다

고⋯⋯추⋯⋯잠⋯⋯자⋯⋯리⋯⋯고
⋯⋯추⋯⋯잠⋯⋯자⋯⋯리⋯⋯
십⋯⋯팔⋯⋯층⋯⋯십
⋯⋯구⋯⋯층⋯⋯

다가서기도 전에
지레 오금이 저려 오는
발코니 난간 앞
햇살에 빠알가니 익은 꽁지를
살짝 낮춰 오르다가
살짝 치켜 내리다가
바람에 둘둘 말리다가

고추잠자리
등에 고추잠자리

십파알층, 시입구층,
십팔층

바람결에 몸을 싣고
솟다가 또
내리다가
가을에 빠알가니 물든 꽁지를
아,
꽁지가 꽁지를!
물고 난다

고추잠자리 난다

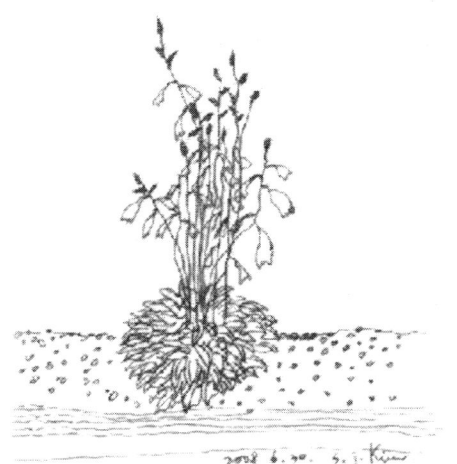

37

새가 날아온다

허공이었다가……,
눈물방울이었다가……,
별이었다가……,
은장도였다가……,
날개

밤 지나 그 하늘 길에 아침이 오면

네가 날아간다

날개였다가……,
은장도였다가……,
별이었다가……,
눈물방울이었다가……,
허공

38

화단을 뒤집으며
땡볕에
땀을 쏟는다
장마도 걷혀 뭉게구름 솟고
태양은 목덜미에 잉걸불로 타는데
무성한 잡생각들을 뒤집으며
땀을 쏟는다

우기에
덩굴만 뻗어 대다
진딧물 자욱이 둘러쓰고
한나절 햇살에 금방 늘어지는
핏기 없은 속내들
잎을, 줄기를, 마구 내리찍는 땀방울에
녹슨 꽃삽이 먼저 휘어져 물러나고……,

맨손으로 흙을 고른다
손톱 밑에 까맣게 끼는 흙
손끝이 오그라들다가, 아니지
달포 가뭄에 타들어가는 고구마 줄기를

져 나른 물 몇 바가지로 붙들던 여인
호미 끝이 튀는 마른 밭에 흙빛이 되어 살던
그녀의 까만 속……,
내 손톱 밑에 낀 이까짓 흙쯤이야,

그녀 땀 앞에
내 땀이
부끄러움으로 흐르는 삼복 한가운데
잡생각 둘러쓰고 몸피만 불린 우기의 잡풀들
흙살 깊이 묻어 다독인다
그 팔에 손등에
땀이 땀과 더불어 길을 연다

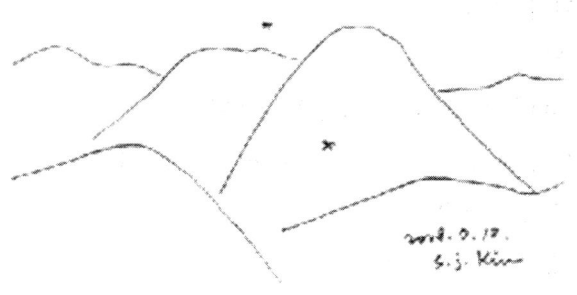

39

어둠을 헤집고 찾아온 길
너에게로 가는 마지막 이
담벽은
사라센의 성채

겹겹이 싸인 어둠 이편으로
네 방 불빛은 달무리를 그리고 있는데,
십자군도 끝내 오르지 못한 성채 앞에 이미
내 꿈은 무릎을 꿇었는데,

저 멀뚱한 풀벌레들이 어찌 알았을까
피 맺힌 내 무릎에서
달무리 진 네 방 창문까지
찌르르찌르르 다리를 놓고 있다

놓아도, 놓아도, 속절없이 무너져 내리는
다리
불빛도 눈빛도 시름시름 젖어드는 어둠 속
벌레소리 다리

40

벼룩시장은
사람들 또 물건들이 모래알로 늘어선 사막
내 마음에 오래 그려 온
모래알 하나 찾아 나선다

어쩌다 반짝,
손을 벋으면
모래알은 순간 모래바람에 묻혀 사라지고
찾아 헤매는 내 발자국도
따라서 묻혀 사라져 버리고
사막 끝까지 가도 빈손으로 돌아서야 하는
모래알 찾기

간다는 것은 나를 찾아간다는 것,
끝을 돌아 다시 되짚어 간다
모래알이 모래알에 덮이는 사막
벼룩시장에서,
선혈 낭자한 금을 그으며
또 다른 끝을 향하여 찾아간다

다시 모래바람이 불어오고
낭자한 선혈이 모래에 묻혀 사라진다
내가
모래알이 된다

41

지금 너
손 내밀고 있으리
아득히 펼쳐진 이 풀꽃들의 행렬 너머
그 끝 어디쯤에
발돋움하고 있으리

제 이름의 꽃을 피워 든
들풀들
지난 계절 지난 밤들
지상의 눈물들 흩뿌려 심은 자리, 자리,
제 이름의
불을 켜 든
들풀들

향기를 흔들며, 흔들며,
모여서 길이 되는
풀꽃들
너 더불어
바람이 되는 오직 한 길

아득히 펼쳐진
그 너머에서
너 지금
한 송이 향기로 돋아
기다리고 있으리

42

현미 빛 치아를
천천히 또 오래 드러내는 것이
그의 인사이자 대화
볼의 곡선도
아랫배의 곡선도
햇살마냥 여문 햇벼나 강낭콩을 닮았다
덕천마을 쌀집아저씨

지나치는 인사들에
현미 빛 웃음으로 마주하고
봉지 쌀 부끄러움 위에도
현미 빛 웃음 한 바가지 더 얹어 주고
낮은 처마들 이마를 맞댄 이 골목에
현미 빛으로 서 있다
덕천쌀집 김씨

점심은 점만 찍는 거여,
오곡 멱서리들 곁에 앉아
컵라면을 국물까지 비워내면서
먼 바닷바람에

깊은 산골바람에
여문 둥근 것들 다 모아다
둥근 것만 판다
아니, 여문 바람만 판다

골목에 조등이 걸리면
쌀 한 포대 들고 와선
주름 깊은 눈만 껌벅이다 가는
머리마저 현미 빛을 닮아 버린
김씨

현미 빛 조등이 그의 저승길을 밝힌 뒤에도
오래오래
그의 골목엔 햇살
쌀 쏟아지듯 부서질 것이다

43

언제부터였을까
통증을 기다리고 또 일부러 아파 보는
이 버릇은,

어린것을 안아 재우다
저리다 못한 발,
복사뼈가 벌겋게 부어올랐던
그때부터였을까
어깨에 와 앉은 잠자리,
날려 보내지 않으려다
풀숲에 깔린 손에 가시가 들었던
그때부터였을까

그게 정말 언제부터였을까
아픔에서 자릿,
누군가의 내음이 피어나고
누군가에게로 가는 마음의 길이 열리고……,
하여 또 일부러 아파 보는
이 버릇은,

44

포르르,
저 작은 새들은 어디로 나는 걸까

포르르,
저 은백양 잎들은 어디로 흔드는 걸까

포르르, 포르르,
허공에 그저
생각의 다리를 놓아 보는 이 다저녁

45

구워 봐야 온 집안 비린내로 젖고
거무죽죽한 잔등,
아린 두어 점 집고 나면 그뿐인
물간 준치들 좌판에 늘어져 있다

젓가락만 지저분해지는 물간 준치라고
주룩주룩 장마에 누가 썩은 준치를 굽느냐고
회 쳐 먹고 구워 먹고 지져 먹고 말려 먹는
인간들아!

아침나절만 해도 제법 제 고향 물빛이 남아
사람들을 흘겨보던 준치들
눈알을 허옇게 뒤집고 목을 꺾어 버렸다
눈으로라도 뒤적거려 보던 아줌마들도
이제는 멀찌감치 비켜가고……,

늘어진 포장에서 빗물은 자꾸 새어 떨어지고
옆방 사람들과 나눠 먹기도 미안한 저녁
개 농장 주인은 아예 나타나지도 않고
비닐로 덮어 보지만 비린내는 사정없이

시장 바닥에 질척거리고……,

회 쳐 먹고 구워 먹고 지져 먹고 말려 먹는
인간들아!
썩어도 준치라던 인간들아!
제법 제 도톰한 허리를 가누던 오징어마저
아예 바닥에 퍼져 버렸다

46

상추쌈 한 입이
나에게로 온다

모아 쥔 손끝이 상추 빛으로 물든
이슬 한 입이
나에게로 온다

손끝에서 떨어지면
밥상에 뿌리를 내리고 설 것 같은
푸른 목숨 하나가
나에게로 온다

그녀의 눈웃음처럼 하얀
밥의 알들
제 푸른 품에 가득
품고 온다
어머니가
온다

내 첫걸음을 받은 흙이

내 마지막 잠자리를 허여할 흙이
푸른 옷을 입고
나에게로 온다
그녀가
온다

47

제발 화초라 부르지 마라
분이 터지도록
뿌리 뻗어 대는 사연 모르거든
햐, 햐,
질척한 눈길 보내지 마라

약내 나는 수돗물
오로지 그걸 기다려야 하는
사육의 나날들
잎은 푸르게 빛나야 하고
꽃은 속불꽃처럼 피어나야 하는
타인의 나날들

비에
이슬에
함초롬히 젖은
대지
그 속살을 찾아 밤낮으로 뻗어 대는,

또랑또랑한

씨알들
또 그 대지 위에 뿌리는
가을
그 중심을 찾아 분이 넘치도록 뻗어 대는,

뿌리의 사연을 모르거든
아름답다,
행복하겠다,
그런 양념투성이 말들
제발 내 이름 앞에 붙이지 마라

48

눈물이 아니었어
눈물에 젖은
입술이 아니었어
나에게로
너에게로
길을 연 것은,

눈물 뒤에 타오르던
눈빛도 아니었어
젖은 입술 뒤에 두근거리던
심장도 아니었어
아니었어,
그런 거 정말 아니었어
너에게로
나에게로
다리를 놓은 것은,

그보다도 더
깊은 거
너무 깊이 숨어

보이지 않는 거
보이지 않아 무어라고
말할 수 없는 거
말하지 못해 영원히
너와 나의 깊은 곳에
흐르기만 하는 거,

눈물 같은 거
젖은 입술 같은 거
타오르는 눈빛 같은 거
두근거리는 심장 같은 거
그래서 끝내
이름 붙일 수 없는 그거

49

개미 떼가 으깨진 새우깡 쪽으로
다리를 놓고 있다
광화문 보도에

쇠뿔 같은 촛불들이 미 대사관 쪽으로
다리를 놓고 있다
광화문 보도 앞 한길에

특수부대원 위패들이 경복궁 근정전 쪽으로
다리를 놓고 있다
광화문 보도 앞 한길 그 앞에

공팔년 사월도 지나고 오월도 다 지나고
유월도 스무닷새가 지나는 하오에
때 이른 불볕더위가
성냥갑 같은 쪽방을 달달 볶는 하오에

파란 눈과 까만 눈이 껌벅껌벅
다리를 놓고 있다
광화문 보도 뒤 호텔 테이블에

소주잔과 소주잔이 캬, 캬,
다리를 놓고 있다
광화문 보도 뒤 호텔 뒤 포장마차에

50

담장 끝에 흔들리는 옥빛 덩굴손
허공은 너무 깊어 닿을 데 없는데

흔들어 어지러이 가는 바람아

담장에 주저앉다 다시 올라도
허공은 너무 넓어 닿을 데 없는데

맴돌아 휘저어 가는 바람아

그와 나의 해후 길은 흔들리는 허공
주저앉다 또 기어오르는 덩굴손의 길인데

51

이래도 네가,
코웃음을 치며
한 자도 더 깊이 묻었던 분꽃 순들이
두어 달이 지난 이 장마철에
퍼렇게 고개를 쳐들고 다시 솟아오르고 있다
홍자색 망울들까지 달고 있다

징그러운 것,
뿌리까지 토막을 쳤건만,
지금쯤 그 털 난 검고 굵은 뿌리가
흙 속을 뱀처럼 뻗어가는 뿌리가
다른 뿌리들을 밀어내고 있을 것이다

지상에 대고는
홍자색 작은 웃음들 살살 흘리면서,
휘잡으면
툭,
연약한 척 꺾이기도 하면서,

52

여치처럼, 더듬이
옥상에 발코니에 달고 살지만
풀숲의 노래
풀숲의 숨소리
들리지 않고

하늘소처럼, 더듬이
옥상에 발코니에 달고 살지만
하늘의 노래
하늘의 숨소리
들리지 않고

53

산을 오른다
솔잎이 하늘을 가린
발자국 하나 없는
산언덕
내딛는 발자국마다
송이 향 흥건히 터져 고일 것만 같은
산을 오른다

내 발자국이
내 길이 되는
솔가리 고운 언덕
발자국은 상처가 되어 길을 내는데
상처를 내며 올라야 하는
숲과의 슬픈 해후
비뚤어진 발자국 하나 남겨선 안 되는
산을 오른다

발자국에 매운 바람이 온다
솔잎이 쓸고 있는 입추의 하늘에서
폭우처럼 내려와 쌓이는

매운 바람
머리카락을
살갗을
밀물처럼 적셔 오는
솔숲의 숨소리
그 숨소리에 젖어 신열을 쏟으며
가쁜 숨소리 하나
산을 오른다

54

산그늘 내려와
골짜기엔 이내도 푸른데
등이 푸른 새 한 마리
목청이 쉬어 간다

그래, 울어라 새야,
울 이가 있어 우는 나날은 행복이니라

청옥 빛이던 네 목소리
쉬어 가는 지금
숨어 우는 너를 두고
산그늘은 짙어 가고

그림자 잃은 나 또한
너만 보고 있다

55

목이 마를 때면 그를
생각한다

바퀴가 가라앉도록 짐 실은
달구지
자갈 비탈길을 끌어올리던
소
치켜든 꼬리와 더운 숨소리를
생각한다

자갈이 튀는 비탈길
바투 잡은 고삐에 끌려
무릎을 꺾어 끌어올리는
풋나무 짐을,
벼 보리 짐을,
두엄 짐을,
석양에 물드는 그 비탈길을,
생각한다

집은 비탈길

너머에 있고
산도 들도 또 다른 비탈길들
너머에 있고
오르고 또
오르는 것이 그의 하루

목이 마를 때면 그를
생각한다
목말라 물이 되는 그

추워도 배고파도 그를
생각한다
불이면서 밥인 그

56

연지蓮池마을은
없었다

인터넷 누리꾼들이 수십만도 더 찾아간
연지마을,
겨울이 와도
푸른 연잎 사이
꽃구름처럼 연꽃이 고개를 내밀고
연꽃 향기에 배불러
먹지 않아도 산다는
연지마을은,

보이지 않았다
울안 채마밭만도 못한 웅덩이엔
썩은 이끼만 자욱하고
연꽃 필 자리엔 어쩌다가 불쑥
눈두덩이 허연 맹꽁이가 할딱거릴 뿐
끝 간 데 없이 푸른 바람이 일렁인다는
연지는,

아니었다
장마에 젖은 진흙길을
빠지며 일으키며 붙잡으며 찾아온
연지는
이끼마저 썩어가는 맹꽁이 웅덩이일 뿐,

개똥밭에 굴러도 이승이 정말 나은 걸까
진흙탕 길에 흙투성이가 되어 서서 한참을
그도 웃고
나도 웃고,
웃다가 다시 보니
옳거니,
연지는

거기에 있었다
진흙탕에 서서
바람소리 같은 웃음, 뒤를 따라
만면에 번지는 연꽃 같은 그의 미소,
아, 그렇게 거기,
연지마을은,

57

유리창을 닦는다
이 삼복에

유리가 흐려
너조차 흐려 보이는
부끄러움을 닦는다

밤이고 낮이고
너에게 보내는 욕심들
어리고 서려 얼룩이 되어 버린
내 흐린 마음을 닦는다

달처럼
딴은 별처럼
쌈박, 네 가슴에 가 스미지 못한
내 무딘 마음을 닦는다

맑으면 열리리라
너에게로 가는 길,
땀을 쏟으며 문지르다

이제는 가겠지,
물러서서 보면
없는 듯 맑다가도
또 이내 땀인 듯 눈물인 듯
어룽지고 어룽져 번지고

닦아도, 닦아도,
길이 열리지 않는
유리창을 닦는다
이 삼복에
흐리고 얼룩진 나를 닦는다

58

종이는 그대로 종이이기를 바라는 거
학을 접지 마라
금방 먼지 앉고 구겨지고
저 혼자 바람에 흔들리다 휴지통에 버려지는
마음을 접지 마라
마음은 네게 있고
종이는 구겨지고 먼지 앉고 흔들릴 뿐

종이는 그저 종이이기를 바라는 거
그림도 글도 담지 마라
담는 중에도 천 굽이 만 굽이로 꺾이고
담고 보면 부끄러운
그림도 글도 담지 마라
마음은 네게 있고
종이는 얼룩지고 물들고 상처 날 뿐

저 무명 빛 벽, 한지를 보라
종이는 그저 종이이기를 바라는 거
오가는 햇살에 나무 살빛으로 물들어
마침내 나무 속살이 되기를 바라는 거

그렇게 오래 머무는
그 속살 빛이 네 마음이라는 거

59

비
내리는 밤엔
꿈에도 비가 내린다

네가 젖고
나무가 젖고
하늘이 젖고
온 세상 젖어도
나는 젖지 않는
비

너를 안아 품에 감추어도
너는 노박이로 젖고
나는 젖지 않는
비
젖은 네 몸
으스러지게 안아도
내겐 결코,
한 점도 스미지 않는
빗물

네 마른 옷을 찾으러
허둥거리다, 허둥거리다,
너마저 잃고
헤매다, 헤매다,
꿈 깨어 창가에 서면
그침 없이 내리는
비

창 앞에 홀로 선 은행나무
속살까지 적시는
비

60

한식경이나 내리꽂던
장대비가 걷고
눈물 뒤의 한숨처럼
이스렝이가 휘젓는데

다리 아래 넘칠 듯 흐르는
페유 빛 흙탕물
허드레 살림들 휩쓸어 흐르는데
코끼리표 밥솥도 무자맥질을 치며 흐르는데

고물 리어카에 파묻혀 다니던
그 노인의 쪽방
빗속에 거두던 고물들 무사하실까

비만 오면 물에 젖는 동네
젖어서 발이 불은 저녁답
다리 건넌 차들은 질척거리며 지나가는데

개울 위쪽에서 아래쪽으로 또
아래쪽에서 위쪽으로

맴돌아 걷고 또 걸어도
흙탕물은 그저 허드레 살림들을 싣고 흘러가는데

밥 냄새 한 주발
흘러나오지 않는 저녁답
맑은 새소리 끝내
오지 않는 저녁답

61

흐르는 것은 그저
흐르는 거

유리창에 빗물도
옹달샘의 샘물도
차서, 그냥,
흐르는 거
눈물이 차서 흐르듯
흐르는 거

흙을 만나도
푸나무를 만나도
또 다른 실개천을 만나도
흐르며, 흐르며,
스미는 거
눈물이 가슴에 스미듯
스미는 거

몸 던져 구르는 급류에서도
눈감아 고요한 하류에서도

흙에
푸나무에
또 다른 허공에
스미며, 스미며,
바람이 되는 거
눈물이 뜨거운 입김이 되듯
바람이 되는 거

흐르는 것은 그렇게 쉼 없이
바람이 되는 거

62

오래된 그림 속에서
너를 만난다

비어 가는 버즘나무
진눈깨비를 맞고 있던
골짜기

까치 울음이
버즘나무 단풍 잎 위에 쏟아지고
네 오래 예비해 온 시선이
까치 울음 따라 자꾸만 떨어지고
내 붉게 젖은 시선이
네 떨어진 시선 위에 쌓이고

산사의 종소리가 진눈깨비 따라
버즘나무 빈 허리에 감기고
네 오래 멈추었던 숨결이
그 위에 감기고
내 버즘나무 껍질 같은 숨결이
또 그 위에 감기고

…… 쏟아지고, 떨어지고, 쌓이고, 감기고,
또 감기던 그
골짜기

이제는 그 모든 거 다
품어 안은 버즘나무
청청한 잎 속에 제 가지마저 감추고 선

오래 길들여진 계절 속에서
너를 산다

63

그 길은
길이 아니었어
달려도, 달려도,
바람만 와 쌓이는
세상의 모든 길은
길이 아니었어

내 무딘 손끝 핏줄을 뚫는
날카로운 네 가시
그게 없는 길은
길이 아니었어
내 잃은 숨을 가쁘게 흔드는
매운 네 내음
그게 없는 길은
길이 아니었어

길 없는 길을 더듬는 지금
네게로 뻗는 내 모든 촉수들
숲이여,
그거였어

아픔으로,
땀으로,
비로소 열리는 길

숨결로,
핏줄로,
마침내 놓이는 이승의 가교

64

빈 체어리프트가 돌고 있는
한여름 스키장
심지 않아도 제자리 알아
피어 있다

토끼풀 너머
다북쑥
사이사이 개망초, 산나리, 산달래,
언덕배기 새풀 또
농익은 산딸기 덩굴

나비 또 나비
징검다리를 건너듯
잎 끝에서 꽃으로 열매로 또 잎으로
팔랑팔랑 건너간다

너를 저 빈 체어리프트에 앉히고
내가 그 다음 빈 체어리프트에 앉고
하늘 아래 첫 동네

오르내리며 놀까,

네가 저 앞선 나비로 날고
내가 그 다음 나비로 날고
하늘 아래 첫 동네
풀숲이나 헤맬까,

그것도 말고,
너는 저 꽃대 밀어올린
토끼풀로 서고
나는 그 너머
다북쑥으로나 서고
하늘 아래 첫 동네
푸른 비탈이 될까

65

산사주
몇 방울 첨잔으로 채운
마지막 잔을 마신다

막잔을 채우는 건 언제나
너의 눈물
갈바람에 아가위 열매
핏방울인 양 굴러 내리듯
막잔에 굴러 내리는
붉은 눈빛
너의 별사

아가위 붉은 맘이
깜박, 바알가니
눈뜨고 또 감고……,
그 붉은 파문
가슴 깊이 밀려와도
결코 담아 갈 수밖엔 길이 없는데,

어느덧

내 핏줄로 퍼져나가는
아가위 마음을 마신다

66

죽음아
다리를 놓아라

밤이 아침을 열듯
달이 구름을 벗어나듯
이승에서 저승으로 가는
길을 열어라
이 감옥에서 끝없는 저 풀밭으로 가는
길을 열어라

그곳엔 늘 푸른 눈맞춤
그곳엔 늘 푸른 속삭임

그 푸른 어디쯤 이슬로 맺는
아침은 열리리니
달이 구름을 벗어나듯
밤이 아침을 열듯

그렇게 다리를 놓아라
죽음아

67

으스름달 아래 비가 내린다
만월은 부풀어 천상의 문이 되고
그 문으로 흘어 나와 마른 대지를 적시는
우수절 달의 비
달빛의 혼 적심

겨울을 난 개망초 뿌리에 달의 혼이 젖고
개망초는 그 혼으로 달빛 같은 꽃잎을 틔울 것인데

어스름달 아래 향기가 온다
너의 창 불빛은 부풀어 지상의 문이 되고
그 문으로 흘러나와 마른 내 가슴을 적시는
우수절 너의 향기
네 외로움의 혼 적심

68

사랑이여
네 퍼런 칼날을 어서 내리쳐라

지상의 서광들 이 수족관에 다 모인 지금
죽음이여
마지막 이 도다리의 몸짓을 쳐라
너에게로 펄럭이는 이 눈빛을
도마에 물들일 피 몇 점을
단숨에 내리쳐라

쳐야만 네게로 갈 수 있는 이승의 길

이 순간이 지나면
너에게로 보내는 이 몸짓도
기다림에 깔려 헐떡일 뿐
질척한 시선들 내 유영의 허리에 다 모인 지금
네 깊이에로 사라지고 싶은 내 살을
온몸으로 밀고 있는 이 순간을
빈틈없이 저며라

네 퍼런 칼날로 어서 저며라
사랑이여

국립중앙도서관 출판시도서목록(CIP)
그들의 가교 : 김삼주 제8시집 / 김삼주 지음. -- 서울 : 우리글, 2008 p. ; cm. -- (우리글시선 ; 44)
ISBN 978-89-89376-91-0 04810 : \7000
ISBN 89-89376-20-3(세트)
한국 현대시[韓國 現代詩]
811.6-KDC4   895.715-DDC21
CIP2008003163

그들의 가교

펴낸날 | 2008년 11월 1일 • 1판 1쇄
지은이 | 김삼주
펴낸이 | 김소양
편집 | 이윤희, 김소영

펴낸곳 | 도서출판 우리글 • 전화 | 02-566-3410 • 팩스 | 02-566-1164
주소 | 서울시 강남구 역삼동 837-17 삼성애니텔 1001호
이메일 | wrigle@wrigle.com • 홈페이지 | http://www.wrigle.com
출판등록 | 1998년 6월 3일 제03-01074호

도서출판 우리글 2008
Printed in Seoul, Korea

ISBN 978-89-89376-91-0
      89-89376-20-3 (세트)

* 잘못된 책은 바꾸어 드립니다.
* 책값은 뒤표지에 있습니다.